Orathay Souksisavanh
Fotos von David Japy

THAI
KLEINE GERICHTE

Librero

Rezeptverzeichnis

Fischkrapfen

FÜR 4 PERSONEN

Zubehör
Mixer
Schmorpfanne

Grundzutaten
400 g Kabeljaufilet
80 g grüne Bohnen
1 Ei
1 TL Zucker
200 ml Frittieröl

Spezielle Zutaten
12 Kaffernlimettenblätter oder
  ½ Bund Koriander
20 g rote Currypaste (1 EL)
2 EL Nuoc Mam (Fischsauce)
Sweet-Chili-Sauce zum Servieren

Die Zutaten vorbereiten

Die grünen Bohnen in dünne Scheiben schneiden. Den harten
Stiel der Limonenblätter entfernen, die Blätter bzw. den Koriander
fein schneiden.

Mixen

Den Fisch in Stücke schneiden, mit dem Ei, der Currypaste,
dem Zucker und dem Nuoc Mam mixen, bis eine klebrige Paste
entstanden ist. Die Masse in eine Schale gießen und die Bohnen
und die Limonenblätter hinzugeben.

Die Krapfen goldgelb backen

Das Öl in einer Schmorpfanne erhitzen. Mit befeuchteten Händen
12 kleine Fladen formen. Etwa 2 bis 3 Minuten von jeder Seite
anbraten.

Servieren

Die Krapfen mit der Sweet-Chili-Sauce servieren. Diese Krapfen
können auch als Vorspeise serviert werden. Zusammen mit weißem
Reis ergeben sie ein vollständiges Gericht.

Goldkörbchen
MIT HÄHNCHEN

FÜR 4 PERSONEN

Zubehör
Topf
Ausstechförmchen
    (oder Schüssel
    mit 8 cm
    Durchmesser)
Backpinsel
Form für 24
    Mini-Muffins

Grundzutaten
200 g Hähnchenbrust
2 große Schalotten
1 gestrichener TL Zucker
½ grüne Zitrone
3 Stiele Minze
2 EL Pflanzenöl + 4 EL für den Teig
Pfeffer

Spezielle Zutaten
24 Wan-Tan-Blätter
100 ml Kokoscreme
2 EL Nuoc Mam (Fischsauce)

Die Füllung vorbereiten

Den Ofen auf 180 °C vorheizen. Die Schalotten fein schneiden, das Hähnchen mit dem Messer hacken. 2 EL Öl in einem Topf erhitzen. Die Schalotten hinzugeben und anschwitzen. Anschließend das Hähnchen, das Nuoc Mam, den Zucker und die Kokoscreme hinzugeben. Umrühren und 5 Minuten einreduzieren lassen: es darf kein Saft übrigbleiben.

Scheiben schneiden

Die Wan-Tan-Blätter in Scheiben schneiden. Beide Seiten mit einem Pinsel mit Öl bestreichen und die Scheiben in die Vertiefungen der Mini-Muffin-Form legen.

In den Ofen geben und garnieren

8 bis 10 Minuten im Ofen backen. Die Körbchen sollten goldgelb sein und nicht zu dunkel werden. Wenn sie unten noch sehr hell sind, die Backzeit verlängern. Der Füllung einen Schuss Saft von der grünen Zitrone hinzugeben. Pfeffern, die fein geschnittene Minze hinzugeben, abschmecken und bei Bedarf nachwürzen. Die Körbchen mit der Füllung garnieren und servieren.

Kaiserrollen

FÜR 20 ROLLEN

Zubehör
Schmortopf

Grundzutaten
500 g Schweinehack
  (ungewürztes Wurstbrät)
1 fein geschnittene Zwiebel
1 große Karotte (150 g)
½ Bund Koriander
1 TL Zucker
300 ml Frittieröl
Salz, Pfeffer

Spezielle Zutaten
1 Paket mit 20 Frühlingsrollenblättern
  (21,5 x 21,5 cm), TK
10 g schwarze Champignons

Die Champignons einweichen

Die Champignons zum Einweichen 15 Minuten in eine Schale mit warmem Wasser legen.

Die Füllung vorbereiten

Die Zwiebel fein schneiden, die Karotte raspeln, den Koriander und die eingeweichten und abgegossenen Champignons hacken. Das Ganze mit dem Hackfleisch vermischen. Den Zucker und 1 TL Salz hinzugeben und großzügig pfeffern.

Rollen formen

Die Frühlingsrollenblätter trennen. In Rautenform (mit den Spitzen nach unten und oben) auf die Arbeitsfläche legen. Jeweils 1 großen EL der Füllung unten auf die Blätter legen. Die Spitze und die Ränder umklappen und dann die Teigblätter dann rollen. Die obere Spitze befeuchten, um die Rolle zu schließen. 20 Rollen formen.

Goldgelb anbraten und servieren

Das Öl in einer Schmorpfanne erhitzen. Die Rollen 4 Minuten von jeder Seite garen. Sie sollten goldgelb sein. Gegebenenfalls Salat und Minze zu den Rollen geben und mit Sweet-Chili-Sauce oder Frühlingsrollensauce servieren.

Satay-Spieße
MIT HÄHNCHEN

FÜR 4 PERSONEN

Zubehör
Topf
Schneebesen
Holzspieße
Pfanne

Ruhezeit
2 Stunden

Grundzutaten
500 g Hähnchenbrust
40 g Rohrzucker
100 g ungesüßte Erdnussbutter
2 EL Öl
Salz

Spezielle Zutaten
1 EL Madras-Curry
350 ml Kokosmilch
20 g Currypaste

Das Fleisch marinieren

Das Fleisch in feine Streifen schneiden und in eine große Schale geben. 100 ml der Kokosmilch mit 1 gestrichenen TL Salz, dem Curry und 10 g Zucker vermischen. Über das Fleisch gießen, vermischen. Mindestens 2 Stunden kaltstellen. Diese Marinade wird am besten am Vorabend vorbereitet.

Die Sauce vorbereiten

In einem Topf die Currypaste mit 1 gestrichenem TL Salz und den restlichen Zutaten (Zucker, Kokosmilch, Erdnussbutter) mischen. Mit dem Schneebesen verrühren, aufkochen, dann beiseite stellen. Nach Belieben Erdnüsse hinzugeben.

Die Spieße garen

Das Fleisch auf die Spieße stecken. Das Öl in einer Pfanne erhitzen und die Spieße von jeder Seite etwa 4-5 Minuten anbraten. Sofort mit der abgekühlten Sauce servieren.

30 MINUTEN

Thailändische
EXPRESS-WÜRSTCHEN

FÜR 4 PERSONEN

Zubehör
Mixer
Backblech

Grundzutaten
500 g Schweinehack
  (ungewürztes Wurstbrät)
2 Schalotten (50 g)
10 g Zucker (1 gestrichener EL)
Salz

Spezielle Zutaten
3 Stiele Zitronengras (40 g)
15 Limonenblätter
20 g rote Currypaste
2 EL Nuoc Mam (Fischsauce)

Die Zutaten vorbereiten

Den Ofen in der Grillfunktion vorheizen. Die harten Teile des Zitronengrases und der Limonenblätter entfernen. Die Limonenblätter sehr fein schneiden, das Zitronengras in Stücke schneiden. Die Schalotten grob schneiden. Das Ganze im Mixer fein hacken.

Mit der Hand vermischen

In einem Behälter alle Zutaten mit der Hand vermischen, um die Currypaste gut zu verteilen. Der Masse ½ TL Salz hinzugeben.

Würstchen formen

Mit angefeuchteten Händen kleine Würstchen formen. Auf ein Backblech legen und unter dem Grill im Ofen 5 Minuten von jeder Seite backen.

Heiß servieren

Zu den Würstchen Klebreis und einen Karottensalat (siehe Rezept S. 24) servieren.

30 MINUTEN

Salat
MIT GRÜNER MANGO

FÜR 4 PERSONEN

Zubehör
Julienne-
  Schneider
Topf
Feines Sieb

Grundzutaten
250 g Garnelen (TK)
60 g geröstete Erdnüsse
2 Schalotten
1 TL gemahlener Chili
  (nach Geschmack)
Salz

Spezielle Zutaten
700 g grüne Mango (2 oder 3) aus
  Thailand oder Vietnam (Asia-Laden)
3 EL Nuoc Mam (Fischsauce)
4 EL Ahornsirup

Die Zutaten vorbereiten

Die Garnelen schälen, in eine Schüssel legen, salzen, vermischen und dann beiseite stellen, bis alles Weitere vorbereitet ist. Die Schalotten fein schneiden, die Mangos raspeln, möglichst mit einem Julienne-Schneider.

Die Garnelen garen

In einem Topf Wasser aufkochen. Die Garnelen je nach Größe 1 bis 2 Minuten in das kochende Wasser geben. Abgießen.

Anrichten und servieren

Das Nuoc Mam, den Ahornsirup und den Chili mischen. Alle Zutaten in eine große Schüssel geben. Nach Belieben Sauce hinzugeben. Abschmecken und bei Bedarf nachwürzen. Sofort servieren.

Salat
MIT HÄHNCHEN UND ANANAS

FÜR 4 PERSONEN

Zubehör
Pfanne

Grundzutaten
300 g Hähnchenbrust
1 Schalotte
½ Bund Minze
1 gestrichener TL Zucker
1 EL Pflanzenöl
Salz, Pfeffer

Spezielle Zutaten
25 g frischer Ingwer
1 Ananas
2 EL Nuoc Mam (Fischsauce)
120 g geröstete Cashew-Nüsse

Das Hähnchen goldgelb anbraten

Die Hähnchenbrust salzen und pfeffern und in einer Pfanne mit einem Esslöffel Öl goldgelb anbraten. In Scheiben schneiden.

Die Zutaten vorbereiten

Die Schalotte fein schneiden, den Ingwer in sehr kleine Würfel oder in Juliennes schneiden. Die Ananas schälen und das Fruchtfleisch in Scheiben schneiden. Den Zucker und das Nuoc Mam für die Würzung in einem Schälchen vermischen.

Anrichten und servieren

Die Ananas, den Ingwer und die Schalotte in eine große Schale geben. Die Würze, die fein geschnittene Minze und die Hähnchen-streifen hinzugeben. Mischen, abschmecken und bei Bedarf nachwürzen. Den Salat mit gerösteten Cashew-Nüssen servieren.

Hähnchensalat
MIT GEBRATENEM REIS

FÜR 2 PERSONEN

Zubehör
Pfannen
Mixer oder Mörser

Grundzutaten
250 g Hähnchenbrust
1 Schalotte
15 g Rohrzucker (1 gehäufter EL)
1 grüne Zitrone
5 Stiele Koriander
3 Stiele Minze
Salz

Spezielle Zutaten
2 gehäufte EL Klebreis oder
   thailändischer Reis
3 EL Nuoc Mam (Fischsauce)
1 rote Chilischote

Reispulver herstellen

Den Reis in einer trockenen Pfanne anrösten, bis er braun ist. Mixen oder im Mörser zerstoßen, um ein Pulver zu erhalten.

Die Sauce vorbereiten

Den Zucker, das Nuoc Mam und die Hälfte des Safts aus der grünen Zitrone in einem Schälchen vermischen. Beiseite stellen.

Das Hähnchen garen

Die Hähnchenbrust mit dem Messer hacken, salzen und in einer trockenen Pfanne ca. 3 bis 5 Minuten garen. Stetig rühren, um die Stücke zu lösen.

Anrichten und servieren

Die Schalotte fein schneiden, die Kräuter zupfen und die Chilischote in feine Scheiben schneiden. Alle Zutaten in einer großen Schüssel mischen. Die Sauce langsam hinzugeben. Abschmecken, den Saft der grünen Zitrone oder gegebenenfalls Sauce hinzugeben.

Salat
MIT RINDFLEISCH UND ZITRONENGRAS

FÜR 4 PERSONEN

Zubehör
Pfanne
Gitter

Grundzutaten
400 g zartes Rindfleisch (aus der
  Oberschale)
1 rote Zwiebel
4 Stiele Minze
5 Stiele Koriander
30 g Rohrzucker
Saft 1 grünen Zitrone
Salz

Spezielle Zutaten
3 Stiele Zitronengras
1 Vogelaugenchili
3 EL Nuoc Mam (Fischsauce)

Die Sauce vorbereiten
Den Zucker, das Nuoc Mam und den Saft der grünen Zitrone in
einem Schälchen vermischen.

Das Fleisch garen
Das Rindfleisch salzen. In einer trockenen Pfanne ca. 2 Minuten von
jeder Seite anbraten. Das Fleisch 10 Minuten auf einem Gitter ruhen
lassen und dann in feine Streifen schneiden.

Die Zutaten vorbereiten
Die harten Teile des Zitronengrases entfernen und die Stiele dann
sehr fein schneiden. Sie dürfen beim Essen nicht stören. Die Zwiebel
und die Chilischote fein schneiden, die Kräuter zupfen.

Anrichten und servieren
Alle Zutaten in einer großen Schüssel mischen. Die Sauce langsam
hinzugeben und immer wieder abschmecken, um bei Bedarf
nachzuwürzen. Sofort servieren.

Salat MIT ENTE

FÜR 4 PERSONEN

Zubehör
Pfanne
Gitter

Grundzutaten
1 Entenbrust
2 Schalotten
4 Stiele Minze
5 Stiele Koriander
30 g Rohrzucker
Saft 1 grünen Zitrone
Salz

Spezielle Zutaten
2 gehäufte EL Klebreis oder
  thailändischer Reis
3 EL Nuoc Mam (Fischsauce)
1 Vogelaugenchili

Ein Reispulver herstellen

Den Reis in einer trockenen Pfanne anrösten, bis er braun ist.
Mixen oder im Mörser zerstoßen, um ein Pulver zu erhalten.

Die Sauce vorbereiten

Den Zucker, das Nuoc Mam und die Hälfte des Safts aus der
grünen Zitrone in einem Schälchen vermischen. Beiseite stellen.

Die Entenbrust garen

Die Haut der Entenbrust entfernen. Beide Seiten salzen und dann
in einer Pfanne 4 Minuten von jeder Seite anbraten. Das Fleisch
10 Minuten auf einem Gitter ruhen lassen.

Anrichten

Die Schalotte fein schneiden, die Kräuter grob zupfen und
die Chilischote in feine Scheiben schneiden. Die Entenbrust
aufschneiden und dann in dünne Streifen schneiden. Alle Zutaten
in einer großen Schüssel mischen. Die Sauce langsam hinzugeben
und immer wieder abschmecken, um bei Bedarf nachzuwürzen.
Sofort servieren.

Karottensalat

FÜR 4 PERSONEN

Zubehör
Julienne-
  Schneider

Grundzutaten
400 g Karotten
125 g Kirschtomaten
Saft 1 grünen Zitrone
1 Knoblauchzehe
3 EL geröstete Erdnüsse

Spezielle Zutaten
3 EL Nuoc Mam (Fischsauce)
3 EL Ahornsirup
1 rote Pfefferschote

Die Sauce vorbereiten

In einer Schale den Saft der grünen Zitrone mit dem Ahornsirup, dem Nuoc Mam, der gepressten Knoblauchzehe und der fein geschnittenen Chileschote mischen. Beiseite stellen.

Die Zutaten vorbereiten

Die Karotten schälen und dann möglichst mit einem Julienne-Schneider raspeln. Die Kirschtomaten halbieren.

Den Salat anrichten

Die Karotten, die Kirschen und die Sauce in einer großen Schale mischen. Die Tomaten leicht andrücken, damit der Saft austritt. Den Salat mit den grob gehackten gerösteten Erdnüssen bestreuen.

30 MINUTEN

Thailändische Suppe
MIT HÄHNCHEN UND KOKOS

FÜR 6 PERSONEN

Zubehör
Topf

Grundzutaten
500 g Hähnchenbrust
400 g Champignons
600 ml Kokosmilch
25 g Rohrzucker
1 grüne Zitrone
Salz

Spezielle Zutaten
4 Stiele Zitronengras
16 Limonenblätter oder die Zesten
　1 grünen Zitrone
6 EL Nuoc Mam (Fischsauce)
70 g Galgant oder Ingwer
1 rote Chilischote (nach Geschmack)

Die Zutaten vorbereiten

Die Champignons putzen und vierteln. Die Hähnchenburst
fein schneiden, salzen, mischen. Den Galgant in Streifen, das
Zitronengras in Stücke schneiden.

Ziehen lassen

500 ml Wasser in einen Topf geben, das Zitronengras, den Galgant
und die Limonenblätter hinzugeben. Leicht köchelnd 10 Minuten
ziehen lassen.

Die Suppe garen

Den Zucker, das Nuoc Mam und die Kokosmilch hinzugeben.

Aufkochen, dann das Hähnchen und die Champignons hinzugeben.
5 Minuten garen. Vom Ofen nehmen und den Saft der grünen Zitrone
hinzugeben. Abschmecken und bei Bedarf nachwürzen. Kurz vor dem
Servieren den Galgant, das Zitronengras und die Limonenblätter
herausnehmen. Gegebenenfalls eine fein geschnittene rote Chilischote hinzugeben.

30
MINUTEN

Pho
MIT SCHWEINEFLEISCH UND KOKOS

FÜR 4 PERSONEN

Zubehör
Schmortopf
Topf
Feines Sieb

Grundzutaten
600 g Schweinehack
50 g Rohrzucker
4 Stiele Minze
8 Stiele Koriander
Salz

Spezielle Zutaten
800 ml Kokosmilch
400 g getrocknete Reisnudeln
50 bis 80 g rote thailändische
   Currypaste (nach Geschmack)
120 g Mungobohnensprossen
3 EL Nuoc Mam (Fischsauce)

Die Nudeln einweichen
Die Reisnudeln in einem Behälter mit lauwarmem Wasser
einweichen.

Das Fleisch garen
In einem Schmortopf das Hackfleisch 5 Minuten trocken anbraten.
Stetig rühren, um die Stücke zu lösen. Die Currypaste, den Zucker,
½ TL Salz, das Nuoc Mam, 500 ml Wasser und die Kokosmilch
hinzugeben. 15 Minuten leicht köchelnd garen lassen. Abschmecken,
nach Bedarf nachwürzen.

Die Nudeln garen
Die Nudeln abtropfen lassen, dann in einen Topf mit kochendem
Salzwasser geben und 1 bis 2 Minuten garen.

Die Schalen garnieren
Die Nudeln abgießen und auf die Servierschalen verteilen. Die
Suppe darübergießen. Mit den frischen Kräutern und den Mungo-
bohnensprossen servieren.

Thailändische Suppe
MIT GARNELEN

FÜR 6 PERSONEN

Zubehör
Topf

Grundzutaten
1,5 l Hühnerbouillon
250 g Tintenfisch
250 g geschälte Garnelen (TK)
200 g Kirschtomaten
300 g Austernpilze
2 grüne Zitronen
Salz

Spezielle Zutaten
4 Stiele Zitronengras
12 Limonenblätter
4 Stiele Lauchzwiebeln
50 g Galgant (nach Geschmack)
2 rote Chilischote (nach Geschmack)

Die Zutaten vorbereiten

Die harten Teile des Zitronengrases und der Limonenblätter entfernen. Die Stiele in mundgerechte Stücke schneiden. Die Kirschtomaten halbieren. Den Tintenfisch in Streifen schneiden. Die Austernpilze putzen und dann halbieren oder vierteln.

Die Bouillon vorbereiten

Die Hühnerbouillon in einem Topf aufkochen, das Zitronengras, die Limonenblätter, die Tomaten, ½ TL Salz und ggf. den Galgant hinzugeben. Die Hitze reduzieren und 10 Minuten köcheln lassen.

Die Suppe garen und anrichten

Bei wieder starker Hitze die Austernpilze hinzugeben und weitere 3 Minuten garen. Die Tintenfischstücke und die Garnelen hinzugeben. Vom Ofen nehmen. Umrühren. Die Meeresfrüchte garen in der heißen Bouillon fertig. Abschmecken und bei Bedarf nachwürzen. Die Suppe in die Servierschalen verteilen. Nach Belieben mit einer Scheibe grüner Zitrone, fein geschnittener Lauchzwiebel und Chili garnieren.

20 MINUTEN

Grünes
HÄHNCHENCURRY

FÜR 4 PERSONEN

Zubehör
Topf

Grundzutaten
500 g Hähnchenbrust
500 g Erbsen (TK)
2 Zucchini
1 TL Zucker
Salz

Spezielle Zutaten
500 ml Kokosmilch
1 Bund Thai-Basilikum oder Koriander
1 EL grüne Currypaste

Das Hähnchen vorbereiten
Die Hähnchenbrust in gleichgroße Stücke schneiden.

Das Curry zubereiten
In einem Topf die Currypaste in der Kokosmilch mit dem Zucker
und 1 gestrichenem TL Salz auflösen. Aufkochen, die Hähnchenstücke und die in Scheiben geschnittenen Zucchini hinzugeben und
5 Minuten garen lassen. Die noch tiefgekühlten Erbsen hinzugeben
und weitere 2 bis 3 Minuten garen lassen.

Würzen und servieren
Wenn alle Zutaten fertig gegart sind, abschmecken und würzen.
Gegebenenfalls nachwürzen. Vom Ofen nehmen und das gezupfte
Thai-Basilikum hinzugeben.

Grünes Curry
MIT GARNELEN UND MANGO

FÜR 4 PERSONEN

Zubehör
Topf

Grundzutaten
500 g Garnelen (TK)
1 große, nicht zu reife Mango
1 grüne Zitrone
1 TL Zucker

Spezielle Zutaten
500 ml Kokosmilch
1 EL grüne Currypaste
1 Bund Thai-Basilikum oder Koriander
3 EL Nuoc Mam (Fischsauce)

Die Zutaten vorbereiten

Die Mango in gleichmäßige Stücke schneiden. Die Garnelen schälen

Das Curry zubereiten

In einem Topf die Currypaste in der Kokosmilch mit dem Zucker und dem Nuoc Mam auflösen. Aufkochen, die Garnelen hinzugeben und je nach Größe 1 bis 2 Minuten garen.

Servieren und abschmecken

Vom Ofen nehmen und die Mango, das gezupfte Thai-Basilikum, die Zesten der grünen Zitrone sowie einen Schuss Zitronensaft hinzugeben. Abschmecken.

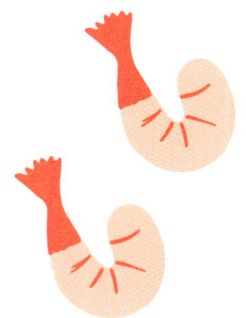

Rotes
ENTENCURRY

FÜR 4 PERSONEN

Zubehör
Topf

Grundzutaten
2 Entenbrüste
200 g Kirschtomaten
300 g grüne Bohnen
1 TL Zucker

Spezielle Zutaten
500 ml Kokosmilch
1 EL rote Currypaste
4 EL Nuoc Mam (Fischsauce)

Die Zutaten vorbereiten

Die Haut der Entenbrüste entfernen und das Fleisch in feine Streifen schneiden. Die Kirschtomaten halbieren. Die grünen Bohnen entstielen und in zwei oder drei Stücke schneiden.

Das Curry zubereiten

In einem Topf die Currypaste in der Kokosmilch mit dem Zucker und dem Nuoc Mam auflösen. Aufkochen. Die grünen Bohnen hinzugeben, 5 bis 7 Minuten garen, dann für weitere 2 Minuten die Tomaten hinzugeben. Prüfen, ob die Bohnen gar sind.
Die Entenbrust hinzugeben, umrühren und knapp 1 Minute rosa garen. Abschmecken und bei Bedarf nachwürzen.

Heiß servieren

Das Curry mit thailändischem Reis servieren.

Fischlflans
MIT CURRY

FÜR 4 PERSONEN

Zubehör

4 kleine
   Auflaufformen
   oder ein Blech
Dampfgarer

Grundzutaten

500 g Kabeljaufilet
2 Eier
1 gehäufter TL Rohrzucker
Salz

Spezielle Zutaten

125 ml Kokosmilch
20 bis 40 g rote Currypaste
   (nach Geschmack)
2 EL Nuoc Mam (Fischsauce)
8 Limonenblätter

Die Zutaten vorbereiten

Die harten Stiele der Limonenblätter entfernen und die Blätter sehr
fein schneiden. Den Fisch in große Würfel schneiden.

Vermischen

In einem Topf die Currypaste, die Kokosmilch, den Zucker, die Eier
und das Nuoc Mam verrühren. Leicht salzen. Den Fisch und die
Limonenblätter hinzugeben. 5 Minuten mit einem Holzlöffel verrühren,
bis der Fisch die Flüssigkeit aufgenommen hat. Die Masse muss
leicht klebrig sein.

Die Flans garen

Die Masse in 4 kleine Auflaufformen oder in eine Form gießen und
10 Minuten unter Dampf garen.

Gebratenes Schweinefleisch
MIT THAI-BASILIKUM

20 MINUTEN

FÜR 4 PERSONEN

Zubehör
Schmortopf

Grundzutaten
500 g Schweinefleisch
 (Filetspitzen oder Vorderrippe)
1 Zwiebel
½ rote Paprika
4 Knoblauchzehen
3 EL Pflanzenöl
Pfeffer

Spezielle Zutaten
3 EL Nuoc Mam (Fischsauce)
2 EL gezuckerte Soja-Sauce
1 Bund Thai-Basilikum
1 lange grüne Chilischote

Die Zutaten vorbereiten

Die Zwiebel und die Chilischote fein schneiden, die Knoblauchzehen hacken. Die halbe Paprika in Streifen, das Schweinefleisch in feine Streifen schneiden.

In einem Schmortopf zubereiten

Das Öl in einem Schmortopf bei starker Hitze erhitzen. Die Zwiebel, den Knoblauch, die Paprika und die Chilischote 30 Sekunden anschwitzen, dann das Fleisch und die Saucen hinzugeben. Pfeffern.

Fertigkochen

Alles sorgfältig vermischen und 2 bis 3 Minuten unter Rühren garen. Vom Ofen nehmen und das gezupfte Thai-Basilikum hinzugeben.

Hähnchen
MIT CASHEW-NÜSSEN

FÜR 4 PERSONEN

Zubehör
Wok oder Pfanne

Grundzutaten
500 g Hähnchenbrust
½ rote Paprika
5 Knoblauchzehen
1 Zwiebel
2 TL Maisstärke (Maizena®)
5 TL Cashew-Nüsse
Salz, Pfeffer

Spezielle Zutaten
2 EL Austernsauce
5 EL gezuckerte Soja-Sauce
3 EL Reisessig

Die Sauce vorbereiten

In einer Schüssel alle speziellen Zutaten vermischen, um eine Sauce herzustellen. Beiseite stellen.

Die Zutaten vorbereiten

Die Hähnchenbrust und die halbe Paprika in Würfel schneiden. Die Zwiebel schälen. Das Hähnchen salzen und pfeffern und den gepressten Knoblauch hinzugeben. Mit der Maisstärke bestreuen und vermischen.

Das Hähnchen goldgelb anbraten

In einem Wok oder einer Pfanne das Öl erhitzen und die Hähnchenwürfel goldgelb anbraten. Beiseite stellen.

Mit Sauce umhüllen

Im selben Öl die Zwiebel und die Paprika anschwitzen. 1 Minute bei starker Hitze garen, dann die Sauce darübergießen. Wenn sie beginnt anzudicken, das Hähnchen hinzugeben. 3 bis 4 Minuten unter Rühren garen, um das Hähnchen gut mit Sauce zu umhüllen. Vom Ofen nehmen, die Cashew-Nüsse hinzugeben. Weißen Reis zu diesem Gericht servieren.

Gegrilltes Hähnchen
MIT ZITRONENGRAS

4 PERSONEN

Zubehör
Mixer
Messer
Backblech

Ruhezeit
1 Nacht

Grundzutaten
4 Hähnchenschenkel
5 Knoblauchzehen
4 EL Rohrzucker
Pfeffer

Spezielle Zutaten
4 Stiele Zitronengras
40 g frischer Ingwer
4 EL Nuoc Mam

Am Vorabend eine Marinade zubereiten

Die harten Teile des Zitronengrases entfernen und die Stiele dann fein schneiden. Den Ingwer grob schneiden. Alle Zutaten der Marinade (Knoblauch, Ingwer, Zitronengras, Zucker, Nuoc Mam) in einen Mixer geben und fein mixen.

Das Hähnchen marinieren

Die Hähnchenschenkel mit einem Messer am Gelenk durch-schneiden. Das Fleisch leicht einschneiden. Mit der Marinade bestreichen. Das Hähnchen auf ein Blech geben und großzügig pfeffern. Eine Nacht kaltgestellt marinieren lassen.

Das Hähnchen garen

Den Ofen auf 220 °C vorheizen. Die Hähnchenstücke auf ein Blech geben und 30 bis 35 Minuten in den Ofen geben. Nach der Hälfte der Kochzeit das Fleisch auf dem Blech wenden. Mit Klebreis oder einem Karottensalat (siehe Rezept S. 24) servieren.

Weinender TIGER

FÜR 4 PERSONEN

Zubehör
Mixer oder Mörser
Pfanne
Gitter

Grundzutaten
1 Entrecote mit 500 g
3 EL Ahornsirup
Saft 1 grünen Zitrone
1 Schalotte
2 Stiele Lauchzwiebeln
3 Stiele Koriander
Salz

Spezielle Zutaten
2 gehäufte EL Klebreis oder
   thailändischer Reis
100 g Tamarindenmark (Konzentrat)
3 EL Nuoc Mam (Fischsauce)
½ TL gemahlener Chili

Ein Reispulver herstellen

Den Reis in einer trockenen Pfanne anrösten, bis er braun ist. Mixen oder im Mörser zerstoßen, um ein Pulver zu erhalten.

Die anderen Zutaten vorbereiten

Die Schalotte und die Lauchzwiebel fein schneiden. Die Tamarinde, den Ahornsirup, das Nuoc Mam und den Saft der grünen Zitrone in einer Schale verrühren und eine Sauce herstellen. Beiseite stellen.

Das Fleisch garen

Das Entrecote salzen. In einer trockenen Pfanne ca. 2 Minuten bei starker Hitze von jeder Seite anbraten. Das Fleisch 5 Minuten auf einem Gitter ruhen lassen, dann in Scheiben schneiden.

Anrichten

Den Chili, das Reispulver und die Lauchzwiebel in die Sauce geben. Das Entrecote mit der Schalotte, der Lauchzwiebel, dem Koriander und dem Reispulver bestreuen. Mit der Sauce servieren.

Garnelen
MIT KNOBLAUCH UND PFEFFER

FÜR 4 PERSONEN

Grundzutaten

300 g Garnelen (TK)
4 große Knoblauchzehen
1 ½ EL Maisstärke (Maïzena®)
4 EL Pflanzenöl

½ Bund Koriander
Salz, Pfeffer aus der Mühle

Zubehör
Blech
Wok

Die Garnelen vorbereiten

Die Garnelen schälen und auf ein Blech geben. Großzügig salzen, einen TL Pfeffer aus der Mühle und den gepressten Knoblauch hinzugeben. Sorgfältig mischen, dann die Maisstärke hinzugeben und erneut vermischen.

Die Garnelen garen

Das Öl bei sehr starker Hitze in einem Wok erhitzen. Die Garnelen 3 bis 4 Minuten unter Rühren garen.

Servieren

Vom Ofen nehmen, den zuvor gehackten Koriander hinzugeben. Abschmecken.

Wokgemüse

FÜR 4 PERSONEN

Zubehör
Wok oder Pfanne

Grundzutaten
1 große Karotte
250 g Brokkoli
125 g Kaiserschoten
250 g Champignons
4 Knoblauchzehen
3 EL Pflanzenöl
Pfeffer

Spezielle Zutaten
2 EL gezuckerte Soja-Sauce
1 EL Austernsauce

Das Gemüse vorbereiten

Die Karotte schälen, dann schräg in halbe Scheiben schneiden. Die Brokkoliröschen je nach Größe halbieren oder vierteln. Die Kaiserschoten spülen. Die Champignons putzen und dann halbieren oder vierteln. Die Knoblauchzehen schälen und fein schneiden.

Alles garen

Das Öl in einer Pfanne oder einem Wok erhitzen. Den Knoblauch anschwitzen, dann das Gemüse und die Saucen hinzugeben. Das Ganze 5 Minuten bei sehr starker Hitze garen. Rühren, um ein gleichmäßiges Garen zu erzielen und das Gemüse mit der Sauce zu umhüllen. Pfeffern. Servieren.

Pad Thai

FÜR 4 PERSONEN

Zubehör
Feines Sieb
Wok oder
  Schmortopf

Grundzutaten
300 g Garnelen (TK)
1 rote Zwiebel
70 g Rohrzucker
5 EL Pflanzenöl
1 grüne Zitrone
1 Hand voll gehackte Erdnüsse
etwas Chilipulver zum Bestreuen

Spezielle Zutaten
400 g getrocknete Reisnudeln
200 g Mungobohnensprossen
5 Stiele Lauchzwiebeln
130 g Tamarindenmark oder
  5 EL Reisessig
6 EL Nuoc Mam (Fischsauce)
2 EL Soja-Sauce

Die Nudeln einweichen
Die Reisnudeln in einem Behälter mit lauwarmem Wasser
30 Minuten einweichen.

Die anderen Zutaten vorbereiten
Die Zwiebel schälen. Die Lauchzwiebel in Stücke schneiden.
Die Tamarinde, den Zucker, das Nuoc Mam und die Soja-Sauce
mischen und eine Sauce herstellen. Beiseite stellen.

Die Nudeln kochen
Die Nudeln abgießen. In eine Schale geben. Das kochende Wasser
darübergießen, umrühren und 30 Sekunden warten. Abgießen.

Das Ganze garen und anrichten
Das Öl in einem Wok oder einem Schmortopf bei starker Hitze
erhitzen. Die Zwiebel, die Nudeln und die Sauce hinzugeben.
5 Minuten unter Rühren garen, die geschälten Garnelen hinzugeben
und weitere 2 Minuten garen. Prüfen, ob alles gar ist. Abschmecken
und würzen. Vom Ofen nehmen, die Mungobohnensprossen und die
Lauchzwiebel hinzugeben. Das Gericht mit einem Schuss Saft der
grünen Zitrone, Chilipulver und gehackten Erdnüssen servieren.

Frische Nudeln
MIT HÜHNCHENSTREIFEN

FÜR 4 PERSONEN

Zubehör
Töpfe
Feines Sieb

Grundzutaten
400 g Hähnchenbrust
500 g frische Spaghetti
½ Bund Koriander
6 Knoblauchzehen
6 Stiele Lauchzwiebeln
80 ml Öl

Spezielle Zutaten
3 EL Reisessig
70 g Austernsauce
200 ml Soja-Sauce
80 g Zucker

Das Hähnchen garen
Das Hähnchen in einen Topf mit kaltem Wasser geben und erhitzen.
Nach dem Aufkochen weitere 5 Minuten garen. Vom Ofen nehmen
und das Fleisch im Wasser abkühlen lassen, dann in feine Streifen
zupfen. Im Wasser gart das Hähnchen fertig und bleibt weich.

Die anderen Zutaten vorbereiten
Die Lauchzwiebel fein schneiden. Den Knoblauch und den Koriander
grob hacken.

Die Nudeln garen und mischen
In einem anderen Topf Wasser aufkochen und die Spaghetti
„al dente" garen. Die Nudeln abgießen und in eine Schale geben.
Alle anderen Zutaten ebenfalls in die Schale geben. Mischen,
abschmecken und bei Bedarf nachwürzen.

Fadennudeln
MIT GARNELEN

FÜR 6 PERSONEN

Zubehör

Blech
Schale
Feines Sieb
Schmortopf

Grundzutaten

300 g Garnelen (TK)
8 EL Erdnussöl
6 Knoblauchzehen
1 Bund Lauchzwiebeln
½ Bund Koriander
Pfeffer

Spezielle Zutaten

250 g Mungobohnennudeln
  (transparent)
80 g frischer Ingwer
6 EL Austernsauce
6 EL Soja-Sauce

Die Garnelen würzen

Die Garnelen schälen, auf ein Blech geben und mit 2 EL Öl,
2 EL Soja-Sauce und 2 EL Austernsauce würzen. Pfeffern.
Kaltstellen.

Die Fadennudeln einweichen

Die Fadennudeln zum Einweichen 15 Minuten in eine Schale mit
warmem Wasser legen. Abgießen, wenn sie weich sind.

Die anderen Zutaten vorbereiten

Den Ingwer in feine Streifen schneiden, den Knoblauch grob hacken,
die Lauchzwiebel in Stücke schneiden. Die Fadennudeln mit den
restlichen Saucen und dem Öl würzen, dann großzügig pfeffern.

Alles garen

Den Boden eines Schmortopfs mit der Lauchzwiebel, dem Ingwer
und dem Knoblauch bedecken. Die Fadennudeln hinzugeben.
200 ml Wasser aufgießen. Bedecken und 5 Minuten kochen.
Die Garnelen dazugeben und weitere 5 Minuten kochen.
Vom Ofen nehmen, den zuvor gezupften Koriander hinzugeben.
Mit Reis servieren.

Mit Reis gefüllte
ANANAS

FÜR 6 PERSONEN

Zubehör
Bleche
Grapefruitmesser
Wok oder
   Schmortopf

Grundzutaten
300 g Garnelen (TK)
4 Eier
4 fein geschnittene Stiele
   Lauchzwiebeln
6 gehackte Knoblauchzehen
1 kleine fein geschnittene Zwiebel
6 EL Erdnussöl
1 gehäufter TL Zucker
Salz, Pfeffer

Spezielle Zutaten
700 g thailändischer Reis,
   am Vortag gekocht
1 mittelgroße Ananas
50 g gehackter frischer Ingwer
3 EL Soja-Sauce
2 EL Nuoc Mam (Fischsauce)

Die Zutaten vorbereiten

Die geschälten Garnelen salzen und pfeffern. Kaltstellen. Den Reis mit den Saucen und dem Zucker würzen. Mit der Hand vermischen, um den Reis zu lösen. Beiseite stellen.

Die Ananas schneiden

Die Ananas der Länge nach auf drei Viertel der Höhe schneiden. Die Ananas leeren. Dazu entlang der Schale schneiden, ohne diese zu durchbohren. Anschließend Scheiben schneiden. Den harten Kern entfernen und das Fruchtfleisch in Würfel schneiden.

Die Zutaten garen

2 EL Öl in einem Wok oder einem Schmortopf erhitzen. Die aufge-schlagenen Eier hinzugeben und nach 1 Minute verrühren. Heraus-nehmen. 1 EL Öl hinzugeben und die Garnelen 2 Minuten bei starker Hitze garen. Herausnehmen. Das restliche Öl hinzugeben. Wenn es ausreichend heiß ist, den Knoblauch, den Ingwer und die Zwiebel hinzugeben. 2 Minuten anschwitzen, dann den Reis hinzugeben. Vermischen, 2 bis 3 Minuten garen, dann die Ananas hinzugeben. Umrühren, weitere 2 Minuten garen, dann die Eier und die Garnelen hinzugeben. Mischen und weitere 5 Minuten fertiggaren. Pfeffern. Die fein geschnittenen Lauchzwiebeln darüberstreuen und in der Ananasschale servieren.

30 MINUTEN

Tapioca
MIT BANANE UND KOKOS

FÜR 4 PERSONEN

Zubehör
Töpfe
Feines Sieb

Grundzutaten
100 g Palm- oder Rohrzucker
70 g Tapiocaperlen

Spezielle Zutaten
400 ml Kokosmilch
1 reife Kochbanane
1 EL geröstete Sesamsamen

Die Tapioca garen

In einem Topf Wasser aufkochen. Die Tapioca hinzugeben und
5 Minuten leicht köchelnd garen. Vom Ofen nehmen und abkühlen
lassen.

Die Banane garen

In einem anderen Topf den Zucker in 250 ml Wasser auflösen.
Erhitzen. Die Kochbanane in Scheiben schneiden und 15 Minuten
in dem Sirup kochen.

Fertigkochen

Die Tapioca abgießen. In die Bananen mit dem Sirup gießen und die
Kokosmilch hinzugeben. Weitere 5 Minuten garen. Abkühlen lassen
und mit den gerösteten Sesamsamen bestreut servieren. Falls grüne
Bananen verwendet werden sollen, die abgekühlte und abgegossene
Tapioca mit dem Sirup und der Kokosmilch vermischen. Alles 5 bis
8 Minuten garen.

Klebreis
MIT MANGO UND KOKOS

FÜR 4 PERSONEN

Grundzutaten
80 g Palm- oder Rohrzucker
Salz

Spezielle Zutaten
250 g Klebreis
200 ml Kokoscreme
2 reife Mangos

Zubehör
Feines Sieb
Dampfkocher
Topf

Ruhezeit
20 Minuten

Den Reis garen

Den Reis am Vorabend in einem Behälter mit kaltem Wasser einweichen. Den Reis am nächsten Tag abgießen. Wasser in einem Dampfkocher aufkochen Das Sieb mit einem feuchten Küchentuch auslegen. Den Reis hinengeben und 15 Minuten garen. Den Reis wenden, weitere 5 Minuten garen. Probieren und gegebenenfalls 5 weitere Minuten kochen.

Die Kokoscreme vorbereiten

In einem Topf bei schwacher Hitze den Zucker und 1 Prise Salz in der Kokoscreme schmelzen, aber nicht kochen lassen.

Anrichten, ruhen lassen und servieren

Den garen Reis in einen Behälter geben. Die Kokoscreme nach und nach unter Rühren hinzugießen. 20 Minuten bei Zimmertemperatur ruhen lassen. Der Reis muss die gesamte Flüssigkeit aufnehmen. Die Mangos in Stücke schneiden und mit dem Reis servieren.

Die Originalausgabe erschien 2021 unter dem Titel:
Petits plats thaï

© 2022 Librero IBP
(für die deutschsprachige Ausgabe)
Postbus 72, 5330 AB Kerkdriel, Niederlande

© Hachette – Livre (Marabout), 2021
Chefredakteur: Mireille Touret
Layout Innenseiten: Nicolas Galy, NoOok

Produktion der deutschsprachigen Ausgabe:
Tanja Timmerman vertaling & redactie
Übersetzung: Judith Muhr
Satz: Indruk Grafisch Ontwerp

Printed by GPS Group

ISBN: 978-94-6359-831-6